Marlies Busch

DEKORIEREN & VERZIEREN
SERVIETTENTECHNIK

INHALT

südwest

DEKORATIVE SERVIETTENTECHNIK

So gestalten Sie im Handumdrehen kunstvolle Wohnaccessoires!

Mit Serviettentechnik lassen sich unterschiedlichste Oberflächen verzieren.

Mit der Serviettentechnik können Sie ganz individuelle Kunstwerke schaffen, die einem Designerobjekt in nichts nachstehen. Selbst unauffällige Alltagsgegenstände wie Vorratsgläser oder ein hölzernes Schubladenelement lassen sich mit bunten Lacken und dekorativen Servietten in wenigen Minuten in kleine Meisterwerke verwandeln. Das Beste daran: Trotz der edlen Wirkung ist das Ganze supereinfach! Ob Sie ein romantisches Tablett für das Frühstück auf dem Balkon verzieren oder einer Briefmappe aus Karton ein neues »Outfit« verleihen wollen – für alle Designentwürfe gibt es die passende Serviette. Suchen Sie sich einfach die schönste aus!

Bastelideen für Jung und Alt

Serviettentechnik eignet sich auch hervorragend dazu, wenn Sie gemeinsam mit Kindern basteln wollen. Gerade mit groß gemusterten Servietten ist das Ausschneiden auch für die Kleinen kein Problem. Ganz kleine können die Motive auch ausreißen. Ideal für Kinder ist das Verzieren von Holz und Papier bzw. Kartonoberflächen. Denn dann kann die oberste Serviettenschicht mit Tapetenkleister aufgeklebt werden – und der ist wirklich völlig ungefährlich. Einfach einige Esslöffel nach Packungsanleitung mit Wasser anrühren, quellen lassen und mit einem Pinsel nur auf die Flächen auftragen, die verziert werden sollen. Das Motiv andrücken und noch einmal Kleister auftragen. Oder den Kleister völlig trocknen lassen und dann eine schützende Schicht farblosen Lack aufstreichen. Dann hält das Ganze noch länger!

Die Grundtechnik

Wer die Grundtechnik kennt, kann beinahe jede Oberfläche mit Servietten dekorieren und so

Auf Seite 32 finden Sie eine Bezugsquelle für viele Trägerobjekte, wie z. B. Spanschachteln, Blumenstecker oder Bilderrahmen.

Auf den Umschlag-innenseiten finden Sie eine vollständige Über-sicht der in diesem Buch verwendeten Servietten. Denn auf den Seiten mit den Bastelobjekten ist jeweils nur ein Motiv abgebildet.

unvergleichliche Kunstwerke schaffen. Mit speziellen Wachsmal- und Textilmal-Medien können Sie sogar Kerzen und Stoffe verzieren.

Und das brauchen Sie:

– Gemusterte Papierservietten (z. B. von Duni)

– farbloser Lack (z. B. Patio Paint von Rayher)

– farbige Grundierung (z. B. Patio Paint von Rayher)

– Wachsmal- bzw. Textilmal-Medium (z. B. von Rayher)

– weicher Pinsel

– Schere

– beliebige Objekte, z. B. aus Holz, Pappmaché, Styropor, Glas, Kunststoff, Terrakotta

① Zuerst grundieren Sie den Gegenstand mit farbiger Grundierung in einem Farbton, der zu dem Serviettenmotiv passt. Je nach Farbe des Objektes können Sie es aber auch unbehandelt lassen. ② Während die Grundierung trocknet, schneiden Sie so viele Figuren oder Ornamente wie Sie benötigen aus dem Serviettenmotiv. Anschließend heben Sie die dünne oberste Schicht ab, nur diese Schicht wird gebraucht. ③ Lackieren Sie nun das Objekt nochmals mit farblosem Lack, lassen Sie diesen etwas antrocknen, und legen Sie dann das Serviettenmotiv auf. Vorsichtig andrücken und das Objekt nochmals überlackieren. ④ Kerzen oder Stoff benötigen eine andere Behandlung. Man legt das Serviettenmotiv auf, fährt die Konturen mit Bleistift (bei Kerzen) oder Phantomstift (bei Textilien) nach und nimmt die Serviette wieder ab. Innerhalb der aufgezeichneten Linien das spezielle Mal-Medium auftragen, die Serviette wieder anlegen und festdrücken. ⑤ Nun lackieren Sie das Ganze noch einmal mit farblosem Lack bzw. dem speziellen Mal-Medium. Trocknen lassen – fertig ist das Meisterstück!

HERZEN ÜBER ALLES

Wer diesen vielen Herzen widerstehen kann,
muss ein Herz aus Stein haben.

**Herzvase aus Metall, Span-
schachtel in Herzform, Pappschachtel in Herzform mit
Sichtfenster, Kerze in weißem
Terrakottatopf, Patio Paint
weiß, DecoArt Glitzersand
Mondstein, Serviette mit Herzmotiv, Patio Paint farblos,
Briefmappe mit Japanpapier,
2 Pinsel, Schere, Bleistift**

① Zuerst werden die Herzvase,
Span- und Pappschachtel sowie
die Kerze mit Patio Paint weiß
grundiert. Den Lack trocknen lassen und die Objekte an-
schließend mit Glitzersand Mondstein überlackieren. ② Während
die zweite Lackschicht trocknet,
die Herzen aus den Servietten
schneiden und die oberste
Schicht abheben. Die Schrift, die
über die Herzen hinausragt,
muss nicht allzu genau ausgeschnitten werden. Es kann ruhig
ein weißer Rand stehen bleiben.
Da die Objekte selbst auch weiß

lackiert wurden, fallen die Ränder später nicht auf. ③ Nun wird
ein Objekt nach dem anderen
nochmals mit Patio Paint farblos
lackiert. Die Schicht nicht trocknen lassen, sondern die Serviet-
tenherzen vorsichtig auf den
noch feuchten Lack drücken.
Den Rand der großen Herz-
schachtel nur mit der Schrift
»bekleben«. Ein Serviettenmotiv
auf die Briefmappe kleben. Dazu
erst das Motiv auflegen, mit Bleistift umranden und innerhalb der
Linien Lack auftragen. ④ Um
die Motive gut zu fixieren, anschließend nochmals alles mit
Patio Paint farblos überlackieren.
⑤ Wenn alle Lackschichten völlig trocken sind, die Serviettentei-
le, die über dem Sichtfenster der
Schachtel und über den Löchern
in der Terrakottakerze liegen, vorsichtig ausschneiden.
Tipp: Auf Pappe können die
Motive auch mit Tapetenkleister
aufgebracht werden.

*Herzig Verziertes passt
zum Valentins- ebenso
wie zum Muttertag.*

Servietten mit
Herzmotiv gibt es
in unzähligen
Variationen und
Farben.

FRÖHLICHE OSTERN

Gut gelaunt sitzt der Hase in seiner grünen Wiese und freut sich schon auf Ostern.

In den Schachteln können Sie kleinere Osterdeko gut aufbewahren.

2 ovale Spanschachteln, 2 große Plastikeier, Patio Paint grün und gelb, 5 kleine bunte Plastikeier auf Stäben, Servietten mit Osterhasen, Servietten mit Küken, Servietten mit Blumenwiese, Servietten mit Blüten, Patio Paint farblos, 2 Pinsel, Schere

① Die beiden ovalen Spanschachteln und die beiden großen Plastikeier mit Patio Paint in Grün und Gelb grundieren. Die kleinen Eier müssen nicht extra angemalt werden – es sei denn, man will die Osterdeko ganz Ton-in-Ton gestalten. ② Während die Objekte trocknen, die verschiedenen Ostermotive aus den Papierservietten schneiden und vorsichtig die oberste Schicht abheben. ③ Die Spanschachteln und Eier mit einer Schicht Patio Paint farblos lackieren und den Lack etwas antrocknen lassen. ④ Jeweils die gewünschten Serviettenmotive vorsichtig auf die noch feuchten Oberflächen legen. ⑤ Zum Schluss nochmals alles mit Patio Paint farblos überlackieren und die Objekte zum Trocknen beiseite stellen. So geschützt sind sie weniger empfindlich, und die Osterdeko lässt sich über mehrere Jahre hinweg immer wieder verwenden.

Tipp: Nachdem man das Serviettenmotiv auf das zu verzierende Objekt aufgelegt hat, streicht man es mit einem breiten Pinsel vorsichtig von der Mitte aus zu den Rändern fest, ohne es zu zerreißen. Auf diese Weise vermeidet man Lufteinschlüsse unter der Serviette. Bei Objekten, deren Oberfläche gebogen ist (z. B. bei den Ostereiern), schneidet man das Motiv eventuell an den Rändern mehrmals etwas ein, damit es sich der runden Form gut anpasst und keine ungewollten Falten wirft.

So üppig bedruckte Servietten eignen sich für großflächige Dekorationen. Man kann aber auch nur Häschen oder Eier ausschneiden. Die Servietten mit den Küken und Blüten sehen Sie auf der vorderen Umschlaginnenseite.

VIELE BUNTE SCHACHTELN

In diese Schachteln passt sicher alles hinein, was Kinder so sammeln.

Diese Schachteln sorgen nicht nur im Kinderzimmer für Ordnung.

Tapetenkleister, Servietten mit Tiermotiven in zwei Größen, verschiedenfarbige Papp-schachteln mit Deckel in allen Größen, evtl. Patio Paint farb-los, 1-2 Pinsel, Schere

① Den Tapetenkleister nach Packungsanweisung mit Wasser anrühren. Je nach Größe der Pappschachteln genügen dazu bereits zwei bis drei Esslöffel Kleister. Da Tapetenkleister völlig bedenkenlos verarbeitet werden kann, ist diese Arbeit ideal, wenn man mit Kindern basteln will. ② Während der Kleister quillt, die Tiermotive aus den Servietten schneiden. ③ Nun bei einer Schachtel nach der anderen den Deckel gleichmäßig, aber nicht zu dick mit Tapetenkleister ein-pinseln. Die oberste Schicht der gewünschten Serviettenmotive vorsichtig auf die Schachtel drücken und zu den Rändern hin ausstreichen. Anschließend nochmals mit einer dünnen Schicht Kleister überstreichen. ④ Nachdem der Kleister völlig getrocknet ist, können die Schachteln mit Patio Paint farb-los überlackiert werden. So sind sie besonders unempfindlich und überstehen auch das gele-gentliche Abwischen mit einem feuchten Lappen.

Tipp: Diese »Schachteln in der Schachtel« sehen auch dann sehr nett aus, wenn man sie mit unterschiedlichen Motiven deko-riert. Ganz wichtig: Die Farben müssen aus einer Familie stam-men und sich immer wieder wie-derholen. Diese Verzierung ist ideal, wenn man ein großes Sor-timent an Servietten hat, jedoch von jedem Motiv nur einige weni-ge Stückzahlen besitzt. Wer sich eine solche »Serviettensamm-lung« zulegen will, kann bei-spielsweise bei Einladungen nach übrig gebliebenen und unbenutzten Servietten fragen.

Großformatige Motive wie diese Tierporträts eignen sich hervorragend für Kinder, denn man kann sie auch mit einer Bastelschere gut ausschneiden.

MEDITERRANES AMBIENTE

Oliven und Ölflaschen zaubern mediterrane Stimmung auf Tablett, Vorratsgläser und Set.

Lackreste auf dem Glas lassen sich mit Fensterreiniger entfernen, Kleisterreste wischt man mit etwas Spülmittel ab.

Holztablett, Lasurfarbe in Blau, Servietten mit italienischen Motiven, Servietten mit Olivenzweigen und Essig- und Ölflaschen, Patio Paint farblos, großes und kleines Vorratsglas, Tapetenkleister, lavendelfarbenes Set, Phantomstift, DecoArt Textilmal-Medium, 3 Pinsel, Schere, Bleistift

① Das Tablett mit der blauen Lasurfarbe grundieren. Während die Farbe trocknet, die Motive aus den Servietten schneiden und die oberste Schicht vorsichtig abziehen. ② Das Tablett mit Patio Paint farblos überstreichen und den Lack etwas antrocknen lassen. Die Serviettenmotive vorsichtig auflegen und andrücken. Nochmals mit einer Schicht Patio Paint farblos überstreichen. ③ Die Serviettenmotive nacheinander auf die Vorratsgläser legen und die Konturen mit Bleistift nachziehen. Innerhalb der Linien Tapetenkleister aufpinseln. Die Serviettenmotive auflegen und festdrücken. ④ Wenn der Kleister völlig getrocknet ist, nur die Motive noch mit einer Schicht Patio Paint farblos überlackieren. Durch die Lackschicht überstehen sie eine vorsichtige Handwäsche. Man darf sie aber nicht in der Geschirrspülmaschine reinigen. ⑤ Für das Set einen Olivenzweig ausschneiden und die oberste Schicht vorsichtig abziehen. Das Motiv auf das Set legen und die Konturen mit dem Phantomstift nachziehen. Die Linien verschwinden nach einigen Stunden wieder. ⑥ Die umzeichnete Fläche mit Textilmal-Medium ausfüllen. Das Motiv auflegen und vorsichtig andrücken. ⑦ Nochmals mit dem Textilmal-Medium überpinseln und alles völlig trocknen lassen. Nach dem Trocknen von links bügeln, so verträgt das Set eine Handwäsche mit mildem Waschmittel.

Mit Flaschen, Karaffen und Gläsern bedruckte Servietten wirken immer sehr mediterran. Die Serviette mit dem Ölzweig sehen Sie auf der vorderen Umschlaginnenseite.

11

SOMMER IN SÜDFRANKREICH

Diese Objekte sehen aus, als kämen sie aus Süd-frankreich. So kommt Urlaubsstimmung auf!

Diese sommerliche Deko passt super in eine Landhausküche.

Übertopf, Beetstecker aus Holz, Patio Paint türkis, türkis-farbene Servietten mit Kräu-termotiven, Patio Paint farblos, grüner Teller, türkisfarbenes Set, Phantomstift, DecoArt Textilmal-Medium, 2 Pinsel, Schere

① Den Übertopf und den Beet-stecker mit Patio Paint türkis grundieren. ② Während die Far-be trocknet, die Serviettenmotive ausschneiden. Dabei muss nicht allzu genau gearbeitet werden. Bleibt ein türkisfarbener Rand stehen, sieht man diesen später auf dem gleichfarbigen Unter-grund kaum. ③ Den Übertopf mit Patio Paint farblos überstreichen. Den Lack kurz antrocknen las-sen, die oberste Schicht von der Serviette abziehen und auf den Topf drücken. Alles nochmals mit Patio Paint farblos überstreichen. ④ Den Beetstecker und den Tel-ler genauso bearbeiten. Der Teller muss jedoch nicht mit Türkis grundiert werden. ⑤ Für das Tischset das Motiv ausschnei-den, auf das Set legen und die Konturen mit dem Phantomstift nachziehen. Die Umrisse ver-schwinden nach einigen Stunden wieder von alleine. ⑥ Die Kontu-ren mit Textilmal-Medium ausfül-len. Dann die oberste Schicht des Motivs abziehen und vorsich-tig auf den Stoff drücken. Nochmals mit Textilmal-Medium überpinseln. ⑦ Nach dem Trock-nen das Set von links bügeln. So werden Motive, die mit der Ser-viettentechnik auf den Stoff gebracht wurden, waschfest und überstehen bei mittlerer Tempera-tur sogar eine Handwäsche.

Tipp: Mit Serviettentechnik de-korierte Textilien werden durch Bügeln von links zwar wasser-fest, in die Maschine dürfen sie aber nicht. Vorsicht auch beim Ausreiben von Flecken, da das Serviettenmotiv schnell einreißt.

Machen Appetit: Serviettenmotive mit frischen Kräutern. Die Serviette mit dem einzelnen Kräutertöpfchen sehen Sie auf der vorderen Umschlaginnenseite.

ALLES FÜR DEN SCHREIBTISCH

Mit diesen poppigen Schreibtischutensilien macht das Arbeiten gleich viel mehr Spaß!

Große Holzkiste, Zeitschriftensammler aus Holz, Zettelbox aus Holz, Stiftebox aus Holz, dunkelgrüne Lasurfarbe, evtl. Schleifpapier in unterschiedlicher Körnung (120, 240), Servietten mit poppigen Ornamenten in verschiedenen Farben, Patio Paint farblos, 2 Pinsel, Schere

① Die Holzkiste, den Zeitschriftensammler, die Zettel- und die Stiftebox mit dunkelgrüner Lasurfarbe streichen. Die Farbe völlig trocknen lassen. Wer eine besonders glatte Oberfläche erhalten will, schleift die Holzoberflächen vor dem Lasieren erst mit dem groben Schleifpapier (120), dann mit dem feinen (240). Den Schleifstaub sehr gründlich abwischen und erst dann die Teile streichen. Nachdem die Lasurfarbe getrocknet ist, schleift man nochmals mit feinem Schleifpapier mit wenig Druck darüber.

② Die Serviettenmotive ausschneiden und die oberste, dünne Schicht abheben. ③ Die Schreibtischutensilien (bis auf die Stiftebox) nacheinander mit Patio Paint farblos lackieren. Den Lack leicht antrocknen lassen. ④ Die Serviettenmotive auf die noch feuchte Lackschicht legen und vorsichtig andrücken. Dabei von der Mitte aus zu den Seiten hin streichen, um Lufteinschlüsse zu vermeiden. Anschließend nochmals jedes Motiv mit einer Schicht Patio Paint farblos überlackieren.

Tipp: Will man Serviettenmotive dicht an dicht aufkleben, legt man sie zuvor auf das Objekt und markiert mit einem Bleistift die Stellen, an denen sich die Servietten überschneiden. Dann werden die Servietten entlang dieser Linien zurechtgeschnitten. Denn in mehreren Lagen aufgebracht ist das Motiv meist nicht mehr sehr gut zu erkennen.

Hier hat Chaos keine Chance: Die Boxen sorgen für Ordnung.

Große Ornamente wirken als »Einzelstücke« besonders gut, denn dann kommen Farbe und Form schön zur Geltung. Auf der vorderen Umschlaginnenseite sehen Sie die Serviette in mehreren Farben.

KLEINE KOMMODE

Die herzige Kiste und die praktische Sammel-mappe helfen beim Ordnunghalten.

In den Schubladen lassen sich z. B. Nähzeug oder Bänder verstauen.

Kleine Schubladenkommode aus Holz, blaue Lasurfarbe, Servietten mit Herzmotiven, Tapetenkleister, Sammelmappe, evtl. Patio Paint farblos, 1-2 Pinsel, Schere, Bleistift

① Zuerst wird die Schubladenkommode blau lasiert. Eventuell schleift man sie vorher wie auf Seite 14 beschrieben. Während die Farbe trocknet, die Herzmotive aus den Servietten schneiden. Dabei die Herzen abwechselnd mit Rand und ohne ausschneiden. ② Den Tapetenkleister nach Packungsanweisung mit Wasser anrühren und quellen lassen. Je nach Größe der Kommode genügen dazu bereits zwei bis drei Esslöffel Kleister. ③ Die oberste Schicht der Serviettenmotive abheben, die Vorderfläche der einzelnen Schubladen mit Tapetenkleister einpinseln und die Motive vorsichtig aufdrücken. Diese Arbeit können auch Kinder gut übernehmen, da Tapetenkleister völlig unbedenklich ist. ④ Das Herzmotiv auf die Sammelmappe legen und die Umrisse mit Bleistift nachziehen. Die Konturen mit Tapetenkleister füllen, das Motiv auflegen und vorsichtig festdrücken. ⑤ Sollen Schubladenkommode und Sammelmappe besonders haltbar sein, werden die verzierten Flächen – nachdem der Kleister fast getrocknet ist – zusätzlich mit einer Schicht Patio Paint farblos überlackiert.

Tipp: Werden die Motive nicht sauber ausgeschnitten, sondern nahe der Kontur aus der Serviette gerissen, erscheinen die Übergänge besonders sanft, und es entsteht eine fast malerische Wirkung. Damit die entstandenen Ränder nicht zu stark zu sehen sind, grundiert man die Objekte am besten im Farbton der Serviette.

Wechseln Sie die Motive wie hier ruhig ab, indem Sie sie mit oder ohne Untergrund aus der Serviette schneiden. Das belebt die Fläche.

17

Sehr edel: Eine Deko ganz Ton-in-Ton in Braun- und Kupfernuancen.

HERBST-STIMMUNG

Mit diesem Dekor werden aus einfachen Terra-kottatöpfen und Schachteln kleine Kunstwerke.

2 kleine Terrakottatöpfe, ecki-ge Pappschachtel mit Sicht-fenster, Patio Paint kupfer, Servietten mit Herbstlaub, großer Terrakottatopf, Mini-Terrakottatöpfchen, Patio Paint farblos, 2 Pinsel, Schere

① Einen kleinen Terrakottatopf und die Pappschachtel mit Patio Paint kupfer grundieren. Den Lack vollständig trocknen las-sen. ② Währenddessen die Motive aus den Servietten schneiden. Für die kleinen Töpfe und die Schachtel die Blätter ganz exakt, für den großen Terra-kottatopf die Blätter mit einer kleinen Umrandung aus den Ser-vietten ausschneiden. ③ Nun sowohl die bronzefarben grun-dierten als auch die naturbelas-senen Töpfe mit Patio Paint farb-los lackieren. Den Lack jeweils kurz antrocknen lassen. ④ Die obersten Schichten der Serviet-tenmotive ganz vorsichtig abzie-hen und die Blätter auf die noch feuchten Töpfe drücken. ⑤ An-schließend alle Terrakottatöpfe nochmals mit einer Schicht Patio Paint farblos überlackieren und zum Trocknen beiseite stellen. ⑥ Sollen die Töpfe besonders widerstandsfähig sein und z. B. auch einmal einen Regenschau-er auf dem Balkon überstehen, lackiert man sie anschließend vollflächig noch zwei weitere Male mit Patio Paint farblos.

Tipp: Damit die Serviettenmotive deutlich zu sehen sind, müssen sie dunkler sein als der Hinter-grund, auf dem sie kleben. Not-falls vorher das ganze Objekt oder die zu beklebende Stelle hell grundieren. Für einzelne Stellen das Serviettenmotiv auf-legen und die Konturen mit Blei-stift nachziehen. Innerhalb der Linien helle Grundierung auftra-gen, trocknen lassen und mit Patio Paint farblos überlackieren. Wie gewohnt weiterarbeiten.

Für eine herbstli-che Dekoration bieten sich Ser-vietten in sanften Farben und mit Blattmotiven an.

*Die hübschen Schach-
teln eignen sich auch als
Geschenkverpackung.*

CHINESISCHE IMPRESSIONEN

*In diesen schönen chinesischen Objekten spiegeln
sich die klaren Formen des Zen wider.*

**Servietten mit chinesischen
Schriftzeichen, 3 kleine runde
Spanschachteln, Patio Paint
farblos, 2 weiße eckige Ker-
zen, DecoArt Kerzenmal-
Medium, weiße eckige Vase,
Dunilin®-Servietten mit Bam-
busmotiven, Japanlampe aus
Papier, Tapetenkleister, 2 Pin-
sel, Schere, Bleistift**

① Die Schriftmotive aus den
Servietten ausschneiden und die
oberste Schicht vorsichtig ablösen. ② Die Spanschachteln mit
Patio Paint farblos grundieren.
Den Lack etwas antrocknen lassen, die Schriftmotive darauf
legen und vorsichtig andrücken.
Anschließend nochmals mit
Patio Paint farblos überlackieren. ③ Die Kerzen (siehe Um-
schlag) mit Kerzenmal-Medium
grundieren. Anschließend wie
bei den Spanschachteln die Serviettenmotive auflegen und vorsichtig andrücken. Nochmals mit

Kerzenmal-Medium überlackieren. ④ Die Vase wird rundum mit
Dunilin®-Servietten beklebt (diese Servietten lassen sich nicht
teilen). Dazu zuerst die Serviette
der Größe der Vase entspre-
chend zuschneiden. Am oberen
Rand bleibt die Vase etwa
1,5 cm unbehandelt. ⑤ Je eine
Seite der Vase mit Patio Paint
farblos grundieren, die Serviette
darauf legen, andrücken und
nochmals mit Patio Paint farblos
überlackieren. Die andere Seite
ebenso bearbeiten. ⑥ Für die
Papierlampe den Tapetenkleister
nach Packungsanleitung anrühren und ausquellen lassen.
⑦ Das Schriftmotiv auf die Lampe legen und die Konturen vorsichtig mit Bleistift nachzeichnen. Innerhalb der Linien
Tapetenkleister auftragen, das
Serviettenmotiv auflegen und
vorsichtig andrücken. Nochmals
mit einer Schicht Kleister überstreichen.

魚
竹

木
舟

*Beim Bekleben
der Lampe am
besten von innen
mit einer Hand
gegenhalten,
damit man die
Motive gut an-
drücken kann.
Die Dunilin®-
Serviette mit dem
Bambusmotiv
sehen Sie auf der
hinteren Um-
schlaginnenseite.*

Auf glatte Flächen wie z.B. Glas können die Ornamente auch mit Tapetenkleister aufgebracht werden. Die Haltbarkeit ist dann jedoch begrenzt.

EDLES IN GOLD

Dank der goldenen Ornamente sehen diese Objekte besonders edel aus.

Schwarze Servietten mit spiralförmigen Motiven, schwarze Servietten mit Ornamenten, Tapetenkleister, 2 Eisenbehälter, Windlicht aus Glas, 2 schwarze Pappschachteln, braune Pappschachtel, Patio Paint farblos, 1-2 Pinsel, Schere

① Zuerst werden die Ornamente aus den Servietten ausgeschnitten. Dabei ruhig auch einmal einzelne Teile aus einem der Ornamente ausschneiden, um so eine größere Formenvielfalt zu erreichen. Jeweils die oberste Schicht vorsichtig ablösen. ② Den Tapetenkleister nach Packungsanleitung anrühren und ausquellen lassen. Je nach Größe der Objekte genügen dazu bereits ein bis zwei Esslöffel Kleister. ③ Nun die Stellen, die verziert werden sollen, mit Tapetenkleister einpinseln. Dazu die Ornamente auflegen, die Konturen mit Bleistift nachziehen und innerhalb der Linien den Kleister auftragen. Die Serviettenmotive vorsichtig auflegen und andrücken. Nochmals nur die Ornamente und Spiralen mit dem Tapetenkleister überstreichen. Zum Trocknen beiseite stellen. ④ Sollen die Kunstwerke aber besonders haltbar sein und auch einmal ein Abwischen mit dem feuchten Lappen gut überstehen, sollte man sie zusätzlich lackieren. Dazu die Motive nach dem Trocknen des Kleisters ein- bis zweimal mit Patio Paint farblos überlackieren. Bei Pappe und Papierobjekten reicht es, mit Tapetenkleister zu arbeiten.

Tipp: Serviettenmotive, die über das Objekt hinausragen, werden nach dem Trocknen mit einer Schere abgeschnitten. Auch Aussparungen (z.B. Sichtfenster in Pappschachteln) erst einmal überkleben und nach dem Trocknen mit Schere oder Cutter herausschneiden.

Goldene Motive wie diese Spiralen wirken auf dunklen Untergründen besonders edel. Die Serviette mit den Ranken sehen Sie auf der hinteren Umschlaginnenseite.

23

*Kerzen und Tassen
sind nette Mitbringsel
zum Adventskaffee.*

HALLO NIKOLAUS

*Hier warten kleine und große Nikolause
auf ihren Einsatz.*

Kleines Holztablett, hellgrüne Lasurfarbe, Weihnachtsserviette mit großem Nikolaus, Patio Paint farblos, Weihnachtsservietten mit Nikolausen, Weihnachtsservietten mit Tannenbaum und kleinen Geschenken, 3 hellgrüne Kerzen, DecoArt KerzenmalMedium, 3 hellgrüne Tassen, 2 Pinsel, Schere, Bleistift

① Das kleine Tablett hellgrün lasieren. Die Holzoberfläche eventuell vorher wie auf Seite 14 beschrieben mit Schleifpapier glätten. Während die Farbe trocknet, den großen Nikolaus aus der Weihnachtsserviette ausschneiden. Die oberste Schicht vorsichtig ablösen. ② Sobald die Lasur getrocknet ist, das Tablett mit Patio Paint farblos lackieren. Den Lack etwas trocknen lassen, den Nikolaus auflegen und festdrücken. Das Motiv nochmals mit Patio Paint farblos überlackieren. ③ Die kleinen Nikolause aus den Servietten schneiden und die oberste Schicht ablösen. Von den anderen Servietten nur die Tannenbäume ausschneiden und abziehen. ④ Die Motive für die Kerzen werden mit Kerzenmal-Medium aufgebracht. Dazu die Umrisse der Motive ganz leicht mit Bleistift auf die Kerzen zeichnen, die angezeichneten Flächen mit Kerzenmal-Medium einpinseln und die Motive andrücken. Nur die Motive nochmals mit Kerzenmal-Medium überlackieren. ⑤ Die Nikolause an die Tassen legen, und die Konturen mit Bleistift nachziehen. Innerhalb der Linien Patio Paint farblos auftragen, die Serviettenmotive anlegen und festdrücken. Zum Schluss die Nikolause noch zweimal mit Patio Paint farblos überpinseln. Die Tassen können mit der Hand gespült werden, dürfen aber keinesfalls in die Spülmaschine.

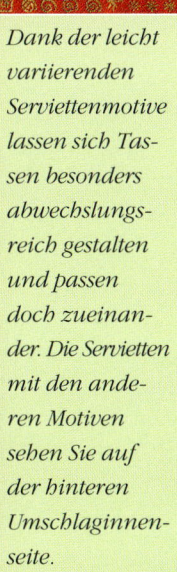

Dank der leicht variierenden Serviettenmotive lassen sich Tassen besonders abwechslungsreich gestalten und passen doch zueinander. Die Servietten mit den anderen Motiven sehen Sie auf der hinteren Umschlaginnenseite.

Die dekorativen Blumenstecker ersetzen glatt den Weihnachtsstrauß.

WEISSE WEIHNACHT

Blumenstecker, Keks- und Teedosen sind im Handumdrehen fertig.

Blumenstecker in Stern- und Tannenbaumform, Patio Paint weiß, Weihnachtsservietten mit Sternen, Tannenbaum, Weihnachtsservietten mit großen Sternen, Patio Paint farblos, Steinherz auf einem Ständer, große Keksdose, 2 kleine Teedosen, 2 Pinsel, Schere, Bleistift

① Die Sternen- und Tannenbaum-Blumenstecker mit Patio Paint weiß lackieren. Die Farbe völlig trocknen lassen. ② Beide Sternen- sowie die Tannenbaummotive aus den Servietten schneiden und die oberste Schicht ablösen. ③ Die Blumenstecker mit Patio Paint farblos überlackieren und den Lack etwas antrocknen lassen. Die Serviettenmotive an die gewünschte Stelle legen, leicht andrücken und alles nochmals mit Patio Paint farblos überlackieren. ④ Das steinerne Herz mit Patio Paint farblos grundieren und mit einem Herzmotiv verzieren. ⑤ Die großen Sterne an die Metalldosen legen und die Konturen mit Bleistift nachzeichnen. Innerhalb der Linien Patio Paint farblos aufpinseln, die Motive anlegen und festdrücken. Nur die Motive nochmals mit Patio Paint farblos überstreichen. Dabei nicht über die Ränder hinaus lackieren. ⑥ Die Ränder der Deckel mit der Bordüre verzieren. ⑦ Für die Deckeloberseite ein passendes Stück aus der Serviette schneiden, den Deckel vollständig mit Patio Paint farblos einstreichen, die oberste Serviettenlage auflegen und nochmals mit Patio Paint farblos überlackieren.

Tipp: Wenn die Dosen oft benutzt werden, einfach die Deckel zweimal mit Patio Paint farblos lackieren. So werden die Objekte sogar witterungsbeständig. Oder man lässt die Ränder der Deckel unverziert.

Sterne sorgen im Handumdrehen für Weihnachts-stimmung. Die Serviette mit Ster-nen, Baum und Herz sehen Sie auf der hinteren Umschlaginnen-seite.

ALLES
IM RAHMEN

Diese Rahmen verleihen Ihren Lieblings-
bildern erst die richtige Note.

Ein Goldleuchter rückt die
Bilder ins richtige Licht.

2 Holzrahmen in unterschiedlicher Größe, Patio Paint weiß und gold, DecoArt Glitzersand Mondstein und Venezianisch Gold, Dunilin®-Servietten mit goldenen Randmotiven, Patio Paint farblos, goldener Kerzenständer, Servietten mit Goldmäander, 2 Pinsel, Schere

① Die Rahmen zuerst mit Patio Paint weiß und gold grundieren. Nun mit dem farblich passenden Glitzersand überstreichen. Gut trocknen lassen. ② Die Ränder so aus den Dunilin®-Servietten schneiden, dass die Ecken in der Schräge aneinander passen (die Dunilin®-Servietten lassen sich nicht teilen). Die Streifen dabei so abmessen, dass sie sich etwas überlappen und später keine hellen Fugen zu sehen sind. ③ Die Rahmen mit Patio Paint farblos streichen und den Lack kurz antrocknen lassen. Die Serviettenmotive auflegen, festdrücken und nochmals mit Patio Paint farblos überstreichen. ④ Für den Kerzenständer die schmale Mäanderbordüre aus der Papierserviette schneiden und die oberste Schicht ablösen. ⑤ Die Stellen des Kerzenständers mit Patio Paint farblos einstreichen, die mit dem Serviettenmotiv verziert werden sollen. ⑥ Die Bordüre auflegen, andrücken und nochmals überstreichen. Dabei nicht über die Ränder hinaus lackieren.

Tipp: Wer selbst einen Kerzenständer vergolden will, grundiert ihn zuerst mit rotem oder türkisfabenem Lack. Nach dem Trocknen mit einem Borstenpinsel Anlegeöl (aus dem Künstlerbedarf) auftragen. Nach Anleitung trocknen lassen. Blattmetall (aus dem Künstlerbedarf) in Streifen schneiden, anlegen und mit einem weichen Pinsel festdrücken. Risse mit Blattmetallresten füllen oder die Grundierung herausblitzen lassen.

*Vor allem Weih-
nachtsservietten
sind am Rand oft
üppig verziert.
Die Sterne kann
man z. B. für
eine Deko wie
auf Seite 26 ver-
wenden. Die Ser-
viette mit dem
Mäander sehen
Sie auf der hinte-
ren Umschlag-
innenseite.*

*Teelichter werden voll-
flächig beklebt. Das Mal-
Medium verbrennt restlos.*

DEKORATIVE ORNAMENTE

*Prächtige silberne Säulen und Kerzen sind nicht
nur an Silvester eine tolle Tischdekoration.*

2 Säulen aus Pappmaché, Patio Paint silber, schwarze Servietten mit silbernen Ornamenten, Patio Paint farblos, Teelichter, DecoArt Kerzenmal-Medium, 2 eckige Kerzen in Silber, Glasvase, Tapetenkleister, silberner Teller, 2 Pinsel, Schere, Bleistift

① Die Pappmachésäulen mit Patio Paint silber grundieren. Die Farbe völlig trocknen lassen. ② Währenddessen die Motive aus den Servietten schneiden und die oberste Schicht vorsichtig ablösen. ③ Die große Pappmachésäule mit Patio Paint farblos anpinseln und die Ornamente über die ganze Fläche verteilen. Festdrücken und nochmals die ganze Säule klar überlackieren. ④ Die kleine Säule wird nur mit einem Einzelmotiv verziert. Patio Paint farblos auftragen, das Motiv anlegen und festdrücken. Nochmals mit Patio Paint farblos überstreichen. ⑤ Die Teelichter von oben vollflächig mit Kerzenmal-Medium grundieren, die Ornamente auflegen und andrücken. Nochmals mit Kerzenmal-Medium überstreichen (das Mittel kann bedenkenlos angewendet werden, es verbrennt ohne Rückstände). ⑥ Die Ornamente nacheinander an die beiden eckigen Kerzen legen und die Umrisse leicht mit Bleistift nachziehen. Die Flächen mit Kerzenmal-Medium einpinseln und die Motive andrücken. Nur die Motive nochmals mit Kerzenmal-Medium überlackieren. ⑦ Für die Vase und den silbernen Teller den Tapetenkleister nach Packungsanweisung anrühren. Die Stellen, die verziert werden sollen, mit Kleister einstreichen. Die Motive auflegen und mit einem breiten Pinsel festdrücken. Nochmals mit Kleister überpinseln. Kleisterrückstände, die über das Motiv hinausgehen, mit einem weichen Tuch abwischen.

Sollen Vase und
Teller auch eine
Handwäsche über-
stehen, müssen sie
nach dem Trock-
nen des Kleisters
mehrmals mit
Patio Paint farblos
überlackiert
werden.

Impressum

Der Südwest Verlag ist ein Unternehmen der Econ Ullstein List Verlag GmbH & Co. KG, München

© 2001 Econ Ullstein List Verlag GmbH & Co. KG, München

(2. Auflage 2001)

Redaktion
Sylvie Hinderberger

Projektleitung
Sylvia Wohofsky

Redaktionsleitung
Nina Andres

Bildredaktion
Sabine Kestler

Umschlagkonzept
Lohmüller, Berlin

Umschlaggestaltung
Manuela Hutschenreiter

Innenlayout
Doris Wohofsky

DTP/Satz
Veronika Moga

Produktion
Manfred Metzger (Leitung),
Annette Aatz, Monika Köhler

Druck
Peschke Druck, München

Bindung
R. Oldenbourg, München

Printed in Germany
Gedruckt auf chlor- und säurearmem Papier
ISBN 3-517-06359-2

Die Autorin

Marlies Busch ist diplomierte Modegrafikerin und seit 1993 erfolgreich als freie Autorin in den Bereichen Bastel- und Sachbücher tätig.

Hinweis

Das vorliegende Buch ist sorgfältig erarbeitet worden. Dennoch erfolgen alle Angaben ohne Gewähr. Weder Autorin noch Verlag können für eventuelle Fehler oder Schäden, die aus den im Buch gegebenen praktischen Hinweisen resultieren, eine Haftung übernehmen.

Bildnachweis

Alle Bilder stammen von Sabine Berthold, München, mit Ausnahme von: Holz Michael, Hamburg: U1; IFA-Bilderteam, Taufkirchen: 8 u. (Bumann), 12 Mi. und u., 18 u., 20 Mi. und u. (IPS); Photonica, Hamburg: 6 u., 14 u., 16 o., 24 u. (Neo Vision), 8 Mi. (Masayoshi Hichiwa), 28 u. (Susumu Yasui); Südwest Verlag, München: 4 u. (Joachim Heller)

Wir danken der Firma Duni GmbH & Co. KG für ihre freundliche Unterstützung.

Bezugsquelle für die Patio-Paint-Produkte, Textilmal- und Kerzenmal-Medium sowie zahlreiche Trägerobjekte (Spanschachteln, Pappschachteln, Holztabletts, Blumenstecker, Bilderrahmen usw.):

Rayher Hobby GmbH
Postfach 1462, D-88464 Laupheim
Tel. 0 73 92/70 05-0
Fax 0 73 92/70 05-38
Internet:
http://www.rayher-hobby.de
e-mail: info@rayher-hobby.de
Rayher nennt Ihnen die nächstgelegene Einkaufsmöglichkeit.